Crías de gorilas

Julie Murray

Abdo Kids Junior es una
subdivisión de Abdo Kids
abdobooks.com

Abdo
CRÍAS DE ANIMALES
Kids

abdobooks.com

Published by Abdo Kids, a division of ABDO, P.O. Box 398166, Minneapolis, Minnesota 55439.

Abdo Kids Junior™ is a trademark and logo of Abdo Kids.

Printed in the United States of America, North Mankato, Minnesota.

052019

092019

Spanish Translator: Maria Puchol

Photo Credits: Alamy, Minden Pictures, Shutterstock

Production Contributors: Teddy Borth, Jennie Forsberg, Grace Hansen

Design Contributors: Christina Doffing, Candice Keimig, Dorothy Toth

Library of Congress Control Number: 2018968177

Publisher's Cataloging-in-Publication Data

Names: Murray, Julie, author.

Title: Crías de gorilas/ by Julie Murray.

Other title: Baby gorillas. Spanish

Description: Minneapolis, Minnesota : Abdo Kids, 2020. | Series: Crías de animales

Identifiers: ISBN 9781532187179 (lib.bdg.) | ISBN 9781644941256 (pbk.) | ISBN 9781532188152 (ebook)

Subjects: LCSH: Gorilla--Juvenile literature. | Baby animals--Juvenile literature. | Zoo animals--Infancy--Juvenile literature. | Primates--Juvenile literature. | Spanish language materials--Juvenile literature.

Classification: DDC 599.884--dc23

Contenido

Crías de gorilas 4

¡Mira cómo crece un gorila de montaña!. .22

Glosario 23

Índice 24

Código Abdo Kids . . .24

Crías de gorilas

Las **hembras** de gorila tienen una cría a la vez. También pueden tener gemelos.

Una cría pesa de tres a cuatro libras (de 1.4 a 1.8 kilos). Tiene muy poco pelaje.

Se alimenta de leche de
la madre.

La cría no puede caminar.

La madre la carga.

Crece rápido. Cuando ya puede agarrarse a su madre, se mueve con ella.

Empieza a comer plantas.

Cuando la cría tiene 8 meses aprende a caminar.

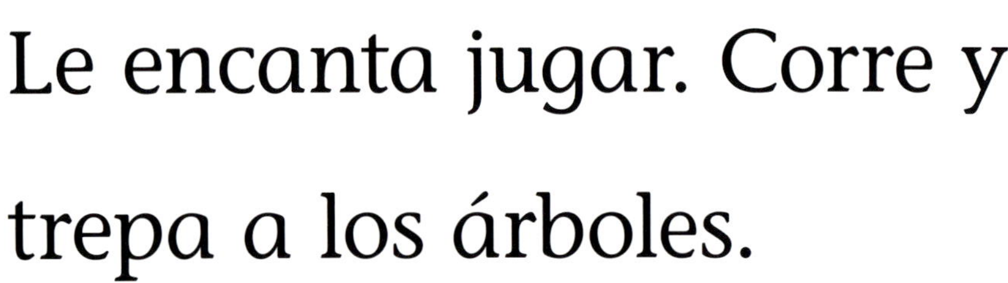

Le encanta jugar. Corre y
trepa a los árboles.

Se divierte con otros de su **grupo**.

¡Mira cómo crece un gorila de montaña!

Recién nacido

con un año

con 4 años

con 10 años

Glosario

grupo
conjunto de gorilas que viven juntos.

hembra
animal de sexo femenino que puede tener crías.

Índice

comida 8, 14

crecimiento 12

grupo 20

madre 4, 8, 10, 12

movimiento 10, 12, 16, 18

pelo 6

tamaño 6

trepar 18

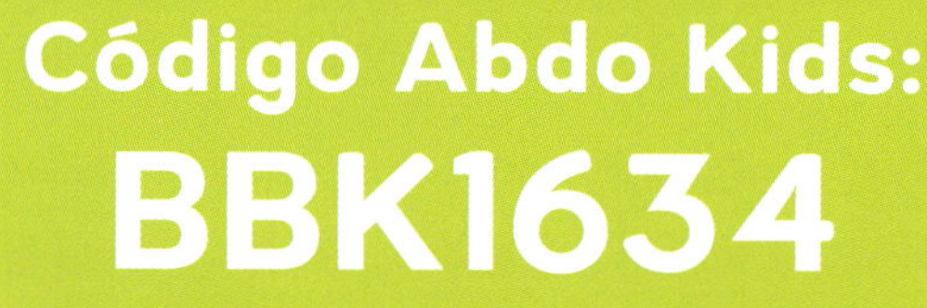

¡Visita nuestra página **abdokids.com** y usa este código para tener acceso a juegos, manualidades, videos y mucho más!